CONVENTION NATIONALE.

DISCOURS

ET

PROJET DE DÉCRET

SUR L'ÉDUCATION NATIONALE,

PRONONCÉS

A LA CONVENTION NATIONALE,

Le 24 Décembre 1792, l'an premier de la République;

PAR HENRI BANCAL, Député du Département du Puy-de-Dôme;

Imprimés par ordre de la Convention nationale, & envoyés aux 84 Départemens.

Les Nations modernes qui ont élevé tant de magnifiques temples à la superstition religieuse, tant de superbes palais aux superstitions royale & magistrale, ne front-elles rien pour le peuple lui-même, quand, ressemblant à Paul & Virginie ou au jeune Achille, il fait l'ornement & l'espoir de la nature & du monde, ou lorsque semblable au plus grand Dieu de l'Olimpe, il déploie dans ses assemblées & ses fêtes nationales sa majesté & sa souveraineté?

Du nouvel Ordre social, p. 34.

DISCOURS

ET

PROJET DE DÉCRET

SUR L'ÉDUCATION NATIONALE,

PRONONCÉS

A LA CONVENTION NATIONALE,

Le 24 Décembre 1792, l'an premier de la République,

PAR HENRI BANCAL, Député du Département du Puy-de-Dôme.

CITOYENS,

TROUVER une bonne organisation des *assemblées* & des *écoles élémentaires*, est le problême le plus intéressant à résoudre pour le maintien de la liberté. Rabaut a développé le seul moyen que j'aie conçu (1), d'après une longue méditation, de régénérer l'espece humaine, abrutie

---

(1) Voyez l'écrit du nouvel Ordre social.

par la superstition & la féodalité ; & vous transportant dans les beaux siecles de l'antiquité, il vous a fait un tableau, qui a élevé, qui a intéressé vos ames. L'accueil que vous avez fait à ses propositions, me fait bien penser, bien espérer de mon siecle & de la représentation de la France. Il m'inspire la plus grande confiance pour le succès de nos délibérations, quand, proscrivant enfin de cette assemblée tout ce qui est personnel, vous obéirez uniquement à la voix de la volonté nationale, & vous discuterez sérieusement les choses.

C'est sur une bonne éducation que doit reposer l'édifice républicain que vous êtes chargés d'élever pour le bonheur des Français ; c'est par l'éducation que l'homme civil est esclave ou libre, superstitieux ou raisonnable ; qu'il est heureux ou malheureux. La France & l'Europe attendent la publication & l'établissement de la vôtre pour vous juger, & pour résoudre le probléme de votre liberté.

Vous devez donc donner tous vos soins à bien organiser l'instruction publique ; vous devez le faire promptement, car vos ennemis extérieurs & intérieurs vous troublent, & vous menacent d'une guerre plus sérieuse.

Vous devez une éducation commune à tous les Français ; car tous sont hommes & égaux en droits. Enfin votre ouvrage doit allier, avec la simplicité de la nature, les besoins & les agrémens de la société. Il ne doit ressembler en rien à l'éducation de l'ancien régime ; il doit être exempt des préjugés & de la superstition qui ont fait le malheur des peuples. C'est ici que vous devez montrer un grand caractere, & profitant des erreurs & des lumieres des législateurs qui vous ont précédés, remplir avec dignité, avec fermeté, votre mission.

Les connoissances humaines, le choix de celles qui sont propres à l'enfance, à l'adolescence & à l'homme ; la maniere de les enseigner à la génération naissante, de les propager pour la génération actuelle , & d'en faire le plus solide appui de la Constitution , sont des objets tellement liés avec elle, qu'on ne peut les envisager séparément , sans courir le risque de commettre des erreurs.

J'aurois donc desiré que votre comité d'Instruction eût concerté avec celui de Constitution , non pas les détails , mais les principes & les bases de son plan.

Et comme la division de la France pour l'éducation , que j'appelle *morale* , est essentiellement liée avec la division des assemblées primaires , que j'appelle *politique* , je demanderai que les deux comités réunis concertent ensemble cette division , comme la base élémentaire & fondamentale de la république. Le sage législateur ne sépare pas le système de la Constitution de celui de l'éducation.

Le plan de votre comité d'instruction m'a paru trop compliqué.

L'égalité n'y est pas observée. Il veut quatre degrés d'enseignement.

Je propose de les réduire à deux ; savoir , 1°. les *Ecoles élémentaires* , où l'on apprendroit les droits & les devoirs de l'homme & du citoyen , & les élémens des arts & des sciences:

2°. Et les *Ecoles centrales* , qui seroient établies dans les chefs-lieux de chaque département, où la république entretiendroit des dépôts propres à perfectionner les sciences & les arts.

Un cabinet d'histoire naturelle.

Un cabinet de physique.

Une bibliotheque.

Un jardin des plantes.

Une imprimerie.

Des écoles de mathématiques, d'agriculture, d'histoire naturelle, de chimie & de chirurgie.

C'est ce que le comité appelle *Lycée;* mais ce mot est

grec, & je préférerois celui d'*Ecoles centrales* , qui exprime mieux l'objet de l'inftitution.

Le comité ne donne que huit à neuf lycées à toute la France, répartis par régions, & atttribués à neuf départemens.

Mais il ne doit pas être queftion de fuivre les régions phyfiques dans ce qui doit être la bafe du fyftême focial. Il faut s'attacher aux régions & aux divifions politiques.

Or, la France a quatre-vingt quatre divifions remarquables, ayant quatre-vingt-quatre chefs-lieux d'adminiftration. Si l'on ne donne un *Lycée* ou *Ecole centrale* à chaque département, je vois l'égalité bleffée.

Je vois neuf métropoles privilégiées dans les villes qui auront les neuf lycées. L'avantage des lumieres doit donner, à la longue, une plus grande prépondérance aux lieux qui en jouiffent. C'eft ainfi qu'en réuniffant les établiffemens d'inftruction publique, plufieurs villes de l'intérieur, telles que Bourges, Orléans, Touloufe, Dijon, Poitiers, font devenues très-confidérables.

La population ne correfpond pas à la grandeur de ces villes ; c'eft qu'elles eurent des univerfités & des académies célebres dont la gloire s'eft éclipfée ; c'eft que depuis Louis XIV, la monarchie s'étant précipitée vers le defpotifme, Paris, comme une immence planete, a tout attiré & tout englouti.

Les grandes villes ont été des afyles des fciences & des arts. C'eft dans leur fein que la philofophie a forgé les foudres qui ont renverfé les trônes de la tyrannie & de la fuperftition,

Leurs richeffes, leurs lumieres & leurs fervices dans la révolution, leur affurent à jamais, & une grande influence, & une grande reconnoiffance de la part des Français. Telle eft la force naturelle des chofes.

Vous ne devez pas, par votre fyftême d'éducation , augmenter cette influence privilégiée.

Vous devez au contraire établir l'équilibre & la diffu-
sion égale des lumieres, indispensables pour maintenir
l'égalité politique. L'égalité, dans toutes les institutions
que vous allez faire, doit être votre but principal. Vous
trahiriez vos sermens & votre devoir le plus sacré, si vous
la perdiez un seul instant de vue. Dans votre république,
la loi a supprimé toutes les distinctions de la sotte vanité ;
mais elle reconnoît avec raison celles des lumieres, des
talens & des services que les citoyens & les cités peuvent
rendre à la patrie.

Or, si vous ne donnez des *Ecoles centrales*, où l'on
puisse apprendre ce qu'on appelle les hautes sciences,
qu'à neuf départemens, il est évident que les soixante-
quinze qui en seront privés, n'auront pas autant de facilité
que les autres pour la culture des hommes. S'ils veulent
profiter des établissemens des autres départemens, il fau-
dra qu'ils fassent plus de dépense pour les aller chercher;
ce qui est mettre sur eux une contribution indirecte, &
rompre l'égalité d'intérêt, comme celle des lumieres.

Si je voulois vous faire ici une histoire morale & politique des connoissances humaines, je vous dévoilerois
une grande vérité qui ne fut point apperçue par Rousseau,
lorsqu'il s'éleva si éloquemment, mais si injustement contre les sciences. Je vous prouverois que ce n'est point à ces
filles du ciel qu'il faut attribuer le luxe & la corruption
des mœurs, qu'on a vus dans tous les siecles éclairés, &
dans les pays les plus civilisés. Car, dans tous les pays,
aucune classe n'a des goûts si simples que celle des citoyens de la république des lettres. Je vous démontrerois
que cette corruption est due à cette classe d'hommes qui,
pour tromper & opprimer les peuples, ont mêlé les idées
du ciel avec celles de la terre, & empoisonné la raison
humaine & universelle de leurs funestes superstitions.

La fausseté de l'esprit amene la dépravation du cœur.
Or jamais, chez aucun peuple, le systéme religieux ne

fut séparé du syſtême politique ; la ſuperſtition empoiſonna toujours la morale ; & ſucée par l'homme dès le berceau, elle mit dans les ſociétés humaines cette contradiction déteſtable qui , plaçant l'homme civil entre ſes devoirs envers la divinité & ſes devoirs envers le monde, l'a toujours empêché de bien remplir aucun des deux. Ainſi l'homme a paru un être double ; ainſi le culte de la loi n'a jamais pu s'établir ſur la terre.

Plus on a cultivé dans une ville les connoiſſances humaines, plus auſſi les prêtres ont fait des efforts en faveur de la ſuperſtition.

Je vous montrerois, de nos jours, en Angleterre, Cambridge, dont la population n'eſt gueres que de dix mille ames, ayant quatorze colléges & un auſſi grand nombre d'égliſes.

Je vous ferois obſerver le même phénomene parmi nous, & chez preſque tous les peuples de l'antiquité.

Enfin je trouverois une grande cauſe de la corruption des mœurs de la plus grande partie des peuples de l'Europe , dans le célibat & les débauches des prêtres. Je montrerois l'éducation confiée par-tout à ces hommes, affectant le mépris pour les biens de ce monde, & afin de s'en emparer, inſpirant de bonne heure ce mépris à leurs éleves.

Le comité a donc fait ſagement, en excluant les prêtres des fonctions ſublimes & pures de l'éducation publique. Et je demande que vous adoptiez cette excluſion ; car les prêtres forment une claſſe privilégiée, & une claſſe privilégiée ne ſauroit donner à la jeuneſſe les principes de l'égalité. Les adorateurs d'un Dieu colere & partial, ne ſauroient enſeigner le culte impartial de la loi.

L'hiſtoire atteſte par-tout que les corporations eccléſiaſtiques ont avili & dégradé l'eſpece humaine. L'orgueil, l'avarice, l'ambition ſont leurs véritables Dieux ; & des légiſlateurs ne doivent jamais oublier le temps où en

France tout étoit gouverné par le clergé, le temps où il exerçoit une jurifdiction entiere, & fur les perfonnes & fur les biens.

Maintenant je déduis des faits de l'hiftoire, cette conféquence que le privilége des lumieres eft de tous le plus dangereux, & que vous établiriez ce privilége, fi vous favorifiez un département plus que l'autre dans l'inftitution que vous allez former.

Par-tout où il y a un point central d'adminiftration, je penfe qu'il doit y avoir auffi un point central d'édution. Sans cela, je vois la funefte inégalité s'établir dans la politique, comme dans la morale.

Je vois dans huit à neuf départemens, les citoyens plus cultivés, fe réunir par un fentiment involontaire, mais inévitable ; car le talent aime à s'allier avec le talent. Je les vois former un faifceau de lumieres, une coalition qui peut agir dans les affemblées nationales, & devenir funefte à l'égalité & à la liberté.

La vie morale appartient à tous les départemens, comme *l'exiftence phyfique.* Dans tous, la nature donne quelques productions propres à la nourriture de l'homme ; & lorfque ces productions ne font pas fuffifantes, elle y fupplée par l'induftrie, qui eft la fondatrice & le foutien de la fociété.

Tous les départemens ont donc un droit égal aux fciences & aux arts, qui font un des plus grands moyens de favorifer l'induftrie, & de la perfectionner.

Je dis donc : ou fupprimez vos lycées, ou donnez-en un à chaque département. Mais je fuis loin d'en demander la fuppreffion ; & prenant un moyen terme entre le projet du comité & celui de Durand Maillane, je penfe que le premier, en établiffant des corporations, rameneroit en peu de temps l'ariftocratie politique avec celle des lumieres, & que le fecond nous conduiroit à grands pas à l'ignorance & à la barbarie des fiecles,

Dans le monde moral comme dans le monde phyfique, tout eft lié par des principes & des élémens dont
on ne peut interrompre la chaîne fans caufer un défordre
général.

Les arts agréables font auffi néceffaires à la conferva-
tion & à la perfection des fciences & des arts utiles, que le
délaffement eft indifpenfable à l'homme après le travail.
Et cette loi de la nature, qui eft commune à toute l'efpece, eft une loi fondamentale des républiques. Celles
dont nous admirons le plus les inftitutions, honorerent
& pratiquerent les arts agréables qui faifoient l'ornement
des fêtes nationales.

Ces arts ne dégénérerent & ne devinrent funeftes aux
mœurs & à la liberté, que lorfque les rois de la terre ,
& à leur exemple, de riches citoyens, fe mettant à
l'égal des Dieux, firent conftruire des palais qui rivali-
ferent la magnificence des temples, & qu'ils introdui-
firent dans ces nouveaux olympes, la pompe, le luxe &
les ouvrages des arts, qui n'étoient deftinés qu'aux im-
mortels. Alors le génie des ftatuaires & des peintres fut
affoibli, & l'on vit rarement fortir de leurs mains ces
belles formes & ces chefs-d'œuvres qui ont illuftré l'antiquité.

Vous devez inftituer des *fêtes nationales* ; car c'eft dans
ces jours d'alegreffe commune, que l'homme apprend à
aimer fon femblable, & le citoyen fa patrie. C'eft dans
ces grands jours, qui font une impreffion falutaire &
durable fur les jeunes cœurs des enfans, que les fciences &
les arts doivent payer à la patrie le tribut de tous les foins
qu'elle a pris pour leur culture. Si vous n'avez que neuf
points généraux de ralliement pour l'éducation fupérieu-
re, vous aurez dans certains départemens des fêtes où l'on
verra briller tout ce que les talens peuvent produire de
plus délicieux. Dans le plus grand nombre on verra des
productions médiocres, & cette différence fera recher-

cher les uns & déferter les autres; & cette inégalité fera votre ouvrage. Il fera l'effet de vos mauvaifes loix.

Ce n'eft pas qu'il foit poffible d'efpérer que les hommes fupérieurs exifteront en nombre égal, & en égal mérite dans tous les départemens. Car la nature eft bizarre & avare; & d'ailleurs le génie doit fouvent beaucoup aux circonftances dans lefquelles il s'eft trouvé.

Mais au moins cette inégale répartition ne doit pas être l'ouvrage de la loi. Répandez fur toute la terre des Francs les mêmes avantages, & laiffez enfuite agir la nature & le génie, qui ne veulent pas être emprifonnés dans des corporations académiques, & qui ne demandent qu'à trouver *fecours* & *fraternité*.

Toutes les corporations tendent à l'ariftocratie. On l'a vu pénétrer jufque dans le temple des mufes & dans la république des lettres, quand on a voulu les réglementer.

Peuples qui voulez être libres, encouragez les lettres, les arts & les fciences; mais que la liberté faffe aux individus ifolés, qui ofent dire la vérité, le bien que le defpotifme faifoit à des corps pour provoquer leur adulation.

Les grands hommes ne veulent point d'entraves d'aucune efpece, pas même celles de la reconnoiffance. Ils n'ont d'autres maîtres que la nature & le monde : ils s'élevent d'eux-mêmes : ils s'élevent même malgré la tyrannie, l'inquifition & l'injuftice des hommes, comme le foleil perce tous les nuages pour éclairer la nature. Rouffeau ne fut d'aucune académie, & fon génie en a fondé une, où font infcrits maintenans tous les amis de la vérité & de la liberté. Il fut errant, profcrit, perfécuté; il vécut & mourut pauvre, & fes ouvrages ont enrichi & affranchi le monde.

Suivez pour l'éducation la marche fimple qu'il a indiquée. Il a découvert un principe qui doit être la regle de

tous ceux qui feront appellés à fonder des républiques.
Il veut que l'éducation soit dans les premieres années,
plutôt *négative* que *positive*. Il recommande fur-tout avec
Montaigne & Locke, les exercices de la *Gymnaftique*, qui
donnerent aux anciens peuples la vigueur d'efprit & de
corps, qui fut la fource de tant de vertus & d'actions
héroïques : c'eft avec des jeux & des fétes qu'il rend fes
éleves hommes & citoyens

Honorez ce génie bienfaifant après fa mort, autant
qu'il fut perfécuté pendant fa vie.

Comme lui, chériffez l'enfance : faites tout pour em-
pêcher les vices d'entrer dans fon cœur. Il n'a ceffé de
répéter ce précepte.

Prenez donc des précautions pour garantir tout au
moins la génération naiffante des rêveries & des fuperf-
titions des prêtres. Elles ont fait à la nature humaine
une plaie qu'il eft de votre devoir de fermer.

Si par une efpece d'effort magique il étoit poffible de
faire difparoître tout-à-coup ces rêveries du fol de la liberté, vos nouvelles loix, & votre éducation nouvelle
feroient bientôt étabies.

Mais il n'y a que la fuperftition qui faffe des miracles.
Vous ne voulez employer que l'inftrument fûr, mais
lent de la raifon.

Or, fi vous reftreignez dans un trop petit cercle l'en-
feignement dans les écoles élémentaires ; fi vous favorifez
d'une éducation plus relevée les villes où il y a toujours
plus de lumieres que dans les campagnes ; fi vous négligez
les habitans de ces campagnes, qui forment la grande majorité de la population, & où la fuperftition a, pour ainfi
dire, établi fon trône ; fi, fur-tout, ne donnant, comme
l'a propofé le comité, que de módiques falaires aux inftituteurs, vous ne remplacez les maitres d'écoles actuels que
par d'autres maitres d'écoles, qui n'auront pas plus de lumieres, de mœurs & de patriofme que les premiers,

vôtre éducation confiée à des mains impures, inhabiles & mercenaires, sera étouffée dans son berceau, par le monstre infernal de la superstition. Sachez que ce monstre qui, comme celui du despotisme & son compagnon inséparable, cache maintenant sa tête hideuse, ne cessera de vous observer, & de faire des efforts secrets pour renverser votre ouvrage & ramener le regne de sa domination, & celui de la tyrannie d'un seul.

Et les Français, après avoir fait tant de sacrifices pour conquérir leur liberté, seroient conduits par la superstition à reprendre leurs chaînes. Comment seroit-il possible de les rompre ? elles auroient été rivées de nouveau dans le ciel.

Il est de votre devoir de prévenir ce malheur qui, en nous replongeant dans l'esclavage, anéantiroit l'espoir des nations. L'habile jardinier ne borne pas ses soins à semer des plantes, il fonde & prépare le sol ; il se met à l'abri des injures du temps & des hommes ; il protége & garantit par sa présence continuelle, le lieu où il les a placées ; il n'épargne ni soins, ni temps, ni argent pour recueillir de bons fruits.

C'est ainsi que vous devez faire ; vous ne devez rien négliger, rien éparger pour l'éducation. Vous devez considérer sur-tout cette *grande majorité* d'êtres sociables, répandus dans les campagnes, & pour l'éducation desquels jusqu'ici les gouvernemens n'ont rien fait. C'est ici que vous devez obéir à la loi de la *volonté générale*, telle que l'exprimeroit la majorité des citoyens français ; car c'est cette majorité qui paie la portion la plus considérable des contributions, & qui par conséquent a un droit proportionnel à une bonne éducation publique.

Je demande donc que toutes les dépenses que votre comité vous propose pour les écoles secondaires & les instituts, soient reversées sur les *écoles élémentaires* & sur les *écoles centrales*, mais principalement sur les premieres.

Ces deux degrés me paroiſſent ſuffiſans pour la culture des connoiſſances humaines, & les porter à leur plus grande perfection.

Je conçois qu'il n'eſt pas poſſible de tout enſeigner dans les écoles élémentaires ; mais je demande qu'au moins on puiſſe y trouver les premiers élémens des arts & des ſciences.

Cette premiere inſtruction doit être comme la ſonde de l'eſprit humain. Tout citoyen qui naît dans une république, doit être appellé, & par la loi, & par l'éducation, à remplir les poſtes les plus élevés, & à reculer, même par des ouvrages, les bornes de l'entendement humain. Combien de génies ſont morts ignorés dans leur village, faute d'avoir reçu de l'éducation ! Donnez à tous les citoyens une culture ſuffiſante pour qu'ils puiſſent développer d'eux-mêmes les diſpoſitions que leur donna la nature, & vous augmenterez le nombre des hommes qu'elle deſtina à être utiles à leur patrie & au monde. La France eſt un des pays les plus propres à la culture de l'eſprit humain ; & ſi vous lui donnez l'eſſor qu'il doit avoir dans une république, la vôtre peut atteindre à un degré de perfection & de proſpérité, inconnu des peuples anciens & modernes.

Vous demandez des livres élémentaires, & avec grande raiſon, pour inſtruire la jeuneſſe. Vous devez encourager par des récompenſes honorables tous ceux qui vous feront le préſent le plus précieux qu'on puiſſe faire à l'homme, des ouvrages dégagés du poiſon de la ſuperſtition.

Et, en attendant que la révolution & l'amour de la patrie aient produit ces fruits précieux, ordonnez à vos inſtituteurs d'apprendre à l'enfance la morale, dans les livres de ce génie extraordinaire, véritable fondateur de l'ere nouvelle, ouverte par la France en 1789.

Mettez de la ſimplicité dans toutes vos inſtitutions ; ne compliquez pas l'éducation publique, comme l'aſſemblée conflituante fit de l'ordre appellé judiciaire ; ne multipliez par les degrés fans néceffité. Ce n'eft pas ainfi que marche la nature, qui eft une, grande & fimple dans fes ouvrages.

Sur-tout ne jettez point de pommes de difcordre entre les départemens, en favorifant les uns, & deshéritant les autres. Ne troublez pas, ne rompez pas la *douce fraternité* ; elle eft la pierre angulaire de la république. N'obligez pas les citoyens à aller chercher hors de leurs départemens, tout ce qui eft néceffaire pour perfectionner leur éducation ; car c'eft une chofe naturelle d'aimer à trouver le bonheur près de foi.

N'imitez pas le defpotifme qui favorife lés villes aux dépens des campagnes. Soyez juftes envers tous les Français, fi vous voulez que le lien qui les unit foit folide & durable. Etabliffez en tout l'égalité, fi vous voulez établir la République.

Rappellez-vous cette foule de réclamations, cette quantité de députations que reçut l'affemblée conftituante lors de la divifion de la France ; les débats auxquels elle donna lieu, débats où fouvent chaque député ftipula bien plus l'intérêt particulier de fa ville, que l'intérêt général de l'état. L'expérience a prouvé que ce font ces vues particulieres qui ont tant multiplié les rouages de la machine politique ; qui ont fait créer une foule de tribunaux & d'adminiftrations de diftricts, dont on reconnoît aujourd'hui l'inutilité.

Les mêmes prétentions, les mêmes débats fe renouvelleront, fi, compliquant votre plan d'éducation, vous créez des écoles fecondaires & des inftituts. Vous verrez les cantons, les villes, les députés, fe difputer ces établiffemens ; ils feront une fource éternelle de jaloufies & de diffentions.

Adoptez le plan que je vous propofez ; ayez feulement des écoles élémentaires & des lycées ; & la répartition des établiſſemens eſt facile, parce qu'elle ſera la même pour tous les départemens, & vous maintenez l'égalité & l'union dans la République.

Le légiſlateur doit généraliſer ſes vues, & élever ſon ame au-deſſus de toutes les paſſions privées. Il doit ſtatuer ſur tous & pour le plus grand bonheur de tous; il ne voit jamais ſéparément les individus & les villes, mais toujours collectivement les citoyens qui compoſent la grande cité de l'état.

Il doit voir ſur-tout, dans un pays agricole, cette grande majorité des citoyens répandus dans les campagnes, que le deſpotiſme regardoit comme des animaux, condamnés à un travail éternel de corps, & dont l'ame doit être relevée par le génie de la liberté. Il le doit, & pour l'honneur de la nature humaine, & pour favoriſer l'agriculture, qui eſt la ſource de la proſpérité de la République.

Je réclame donc encore ici la loi de l'égalité pour une équitable répartition des inſtituteurs éclairés & patriotes.

Si vous créez des écoles ſecondaires & des inſtituts, quand vous n'y attacheriez pas des émolumens plus forts que ceux des écoles élémentaires, ſoyez aſſurés que, ſuivant une impulſion naturelle au cœur humain, les hommes à talens rechercheront au moins dans l'origine de l'inſtitution, plutôt les écoles ſecondaires & les inſtituts. Ils les rechercheront, & pour flatter leur vanité, & pour ſatisfaire leur intérêt; & un goût qui, j'eſpere, changera mais qui eſt maintenant preſque général, le goût de vivre à la ville. Ainſi il ne vous reſtera, pour les écoles élémentaires, que des ſujets médiocres.

Voulez-vous établir le regne de la liberté & de l'égalité? répandez également ſur tout le territoire de la France, les talens & les bonnes mœurs. N'épargnez rien pour faire renaître dans les cœurs des citoyens, avec *l'amour de la patrie*, celui de la *vie champêtre*. Honorez tellement les places *d'inſtituteurs élémentaires*, qu'on puiſſe voir fré-
quemment

quemment des hommes de mérite, après s'être rendus utiles à la patrie, & s'être couverts de gloire dans les lycées, céder à la touchante voix de la nature, & quitter les villes pour se fixer dans les campagnes. Jamais les Romains ne furent si grands & si vertueux, que lorsque leurs hommes d'état manioient tour-à-tour la charrue, l'épée & le consulat. *Qui de nous* ne s'est pas rappellé mille fois, au milieu du tumulte du monde, les douces impressions de son enfance? Qui n'a pas gémi sur les soucis, les vices & les crimes des villes ? Qui n'a pas desiré ardemment de revoir l'humble toît & le lieu champêtre où il fut élevé, & d'y couler la vie innocente & paisible à laquelle nous destina la nature ?

Honorez & récompensez dignement les *instituteurs élémentaires*, & vous créez autant de dieux bienfaisans qui embelliront & enrichiront les campagnes, & de talens, & de vertus ; & l'on y trouvera des sociétés qui allieront la simplicité de la nature avec le bon goût du monde. Ce bon goût ne sera plus le partage exclusif des grandes villes, & vous aurez résolu le problème le plus intéressant pour le bonheur de l'homme.

Dans nos temps modernes, la vanité insultante des nobles, la misere des cultivateurs, la grossiereté & l'injustice qui les suivent, avoient fait déserter les campagnes; on venoit en foule dans les villes chercher des priviléges, & ce qu'on appelloit la bonne société ; on en prenoit le ton & les vices, & les mœurs générales étoient devenues détestables.

Cependant la voix de la nature, plus puissante que celle de la société, rappelloit quelquefois à la campagne un petit nombre d'hommes sensibles, fatigués des plaisirs bruyans & si souvent amers de la ville.

Quelle heureuse révolution vous opérerez, si votre *institution élémentaire* est assez bonne pour peupler les campagnes de citoyens éclairés & vertueux qui porteront

Dis. de H. Bancal sur l'éducat. nationale.   B

les arts utiles & les arts agréables jusques dans les hameaux & les lieux les plus déferts!

N'avez-vous pas quelquefois été touchés jusqu'aux larmes, lorfque, vous promenant dans des bois folitaires, vous avez tout-à coup entendu au loin les fons de quelque inftrument de mufique, ou des voix chantant à l'uniffon? Vous avez été agréablement furpris, lorfque, parcourant les demeures des villageois, vous avez rencontré un homme de bon fens & de bon goût, connoiffant & appréciant le monde, & cultivant dans la folitude la nature & fa raifon. Qui n'envieroit pas le bonheur de ce philofophe?

Donnez aux campagnes des *inftituteurs élémentaires*, dignes de la nature & de la liberté; donnez-leur un traitement fuffifant pour vivre avec une famille, & vous multiplierez dans la république le nombre de ces hommes précieux, & bientôt vous verrez les préjugée des villageois difparoître, la propreté anglaife s'introduire dans leurs habitations, & y maintenir la fanté, la beauté, la bonté & la force; vous verrez l'agriculture profpérer avec les lumieres & les bonnes mœurs, & toute la terre des *Francs* prendre une face plus riante.

Une multitude de cioyens qui traînent à préfent une exiftence mal-aifée dans les villes, retourneront à la campagne; ils y trouveront l'aifance & le bonheur; ils répandront ces biens autour d'eux.

Il feroit à defirer, pour rendre la fraternité des Français plus parfaite, que, femblable à Philadelphie & à quelques villes de France & du Brabant, toute la terre de la république ne préfentât qu'une feule ville, dont les habitations feroient féparées & embellies par des jardins.

L'efpece humaine, entaffée dans les villes, y dégénere rapidement; elle eft inceffamment renouvellée par les campagnes; & ce feroit un projet bien abfurde, que celui de tenter d'exciter une jaloufie funefte entre les villes & les campagnes, entre Paris & les départemens.

Paris n'eſt-il pas le réſultat de toutes les contrées de la France, & tous ceux qui ſiégent dans cette aſſemblée, ne voient-ils pas, dans cette grande ville, des parens, des freres & des amis ?

Cependant, il faut l'avouer, nous avons un trop grand nombre de villes, de palais, d'artiſans & d'égliſes ; nous manquons de chaumieres & de laboureurs.

Les ſyſtêmes deſtructeurs de la ſuperſtition & de la féodalité peſent encore ſur la France. Dans les temps d'ignorance & de barbarie, les guerres civiles féodales, perpétuant l'effroi dans le cœur des habitans des campagnes, les forcerent de conſtruire, de murer & de fortifier des villes & des bourgs. Les vexations & les maux horribles de ce ſyſtême, devenu univerſel en Europe, firent déſerter les campagnes, où des brigands féodaux, dignes ancêtres des nobles de nos jours, attaquoient & faiſoient contribuer arbitrairement les citoyens. Le peuple excédé eut recours aux rois, qui, pour augmenter leur puiſſance, accorderent aux villes leur protection, des chartes & des priviléges, moyennant des rétributions.

La féodalité eſt abolie. La ſûreté & l'égalité ſont établies ſur toute la ſurface de la république.

La révolution doit nous ramener à la nature & à l'agriculrure ; & le légiſlateur manqueroit ſon but, s'il ne favoriſoit pas ce penchant invincible, ſource de toute proſpérité dans un pays agricole : diſons-le avec courage.

Si nos loix nouvelles ſont bonnes, beaucoup de villes de l'intérieur doivent ſe fondre dans les campagnes.

Déjà dans pluſieurs, une partie de leurs habitans, devenus ſages par les principes de la révolution, tournent leurs regards vers le premier & le plus doux afyle de l'homme.

Ils n'attendent, pour en prendre poſſeſſion, que la publication & l'établiſſement des inſtitutions nouvelles.

Hâtez-vous donc de les former. Que ce ſoit le premier travail qui ſorte de votre aſſemblée.

Si vous voulez que vos inſtitutions ſoient bonnes & du-rables, imitez le ſage Mentor réformant Salente, & ap-pellant à la culture des terres, les ouvriers qui ſurchar-geoient la ville. Préparez dès à-préſent des travaux & des récompenſes aux enfans & àux généreux défenſeurs de la patrie, lorſqu'ils reviendront dans ſon ſein. Que leurs mains triomphantes élevent les *temples*, que je propoſe, à la liberté qu'ils auront conquiſe. Qu'ils faſſent une autre conquête non moins glorieuſe, celle de nos *terres incultes*; qu'aidés par la nation, ils puiſſent y trouver le bonheur d'une famille, & pour leurs enfans, l'éducation qui convient à des républicains.

J'oſe vous le prédire, citoyens, ſi vous n'établiſſez promptement l'éducation, vous perdrez la liberté & la république. D'où viennent nos diſſentiments & nos diſ-ſentions, le trouble de nos aſſemblées politiques, & les dangers de la patrie ? Du défaut d'éducation ou d'une éducation vicieuſe. Vous cherchez bien loin la cauſe des maux qui nous affligent. Comment ne voyez-vous pas qu'elle eſt dans ce vice fondamental qui ronge le corps politique.

Si nous étions bien élevés, le riche dédaigneroit-il le pauvre ? Si nous étions bien élevés, verrions-nous les ſcenes qui ſe reproduiſent chaque jour dans nos aſſem-blées politiques ? L'homme qui a reçu de l'éducation, l'homme vraiment libre ſe reſpecte & reſpecte ſon ſem-blable ; il reſpecte ſur-tout la majeſté du peuple dont il balance les intérêts & les droits.

Celui qui veut ſans ceſſe parler, qui interrompt ſans ceſſe, qui dit des injures à ceux qui ne ſont pas de ſon opinion, reſſemble à un enfant mal élevé & méchant, qui ſe dépite à tous propos, ou à un homme dépravé qui a oublié ſon éducation, ou l'a perdue dans de mauvais lieux.

Voilà la cauſe qui met les Français aux priſes les uns avec les autres, & qui tend à les détruire avant qu'ils aient pu ſe donner des loix.

Les excès des paſſions, ſont des ſignes certains de foibleſſe.

La fievre & le délire conduiſent à l'épuiſeme-
a que l'homme bon & ſage qui ſoit fort.

Celui-là ſeul eſt invincible & peut vainc,
qui ſait ſe vaincre lui-même.

Donnez à la France & à l'Europe le ſpectacle de ,
vité & de dignité qui convient à l'Aſſemblée repreſe-
tative d'un grand peuple, à la premiere Aſſemblée de
l'univers, & les tyrans mettront bas les armes, & les
peuples voudront être régis par vos principes & vos loix.

Mais ce ſont ces mêmes tyrans qui fomentent au milieu de vous les paſſions & les diſcordes, qui les ſervent
mieux que des armées victorieuſes.

C'eſt parce qu'ils ont l'eſpoir de vous diviſer, qu'ils ſe
préparent à vous faire au printemps une guerre formi-
dable. Car dans cette premiere campagne, les Français
ont marché de triomphe en triomphe, & ont prouvé à
l'univers, par la diſcipline & le courage, qu'ils étoient
dignes de la liberté.

Pourquoi ces tyrans ont-ils donc tant d'audace ? C'eſt
que vous n'avez pas encore établi l'éducation publique.
C'eſt qu'il y a des impoſteurs & des charlatans qui trom-
pent, & des hommes crédules qui ſont trompés. C'eſt
parce que la majorité des citoyens français croit encore
aux rêveries du dixieme ſiecle.

Citoyens-légiſlateurs, le ſyſtême d'éducation que vous
voulez établir, eſt une véritable déclaration de guerre à
l'impoſture & à la ſuperſtition qui gouvernent encore le
monde, qui ſe nourriſſent de l'ignorance & de la crédu-
lité des peuples, & qui, à la honte de l'humanité, ont
trouvé des défenſeurs dans cette Aſſemblée. Je ne crain-
drai pas de le dire : le plus grand nombre de vos ennemis, volontaires ou involontaires, eſt dans les campagnes. C'eſt là qu'eſt le plus grand nombre des citoyens qui

font leurs victimes : c'eſt donc là que vous devez porter vos meilleures troupes, & vos meilleurs généraux. Il eſt bon que les dépôts des arts & des ſciences ſoient conſervés dans les chefs-lieux de département, comme d'éternels arſenaux, où ſe forgeront des armes contre le menſonge : mais c'eſt dans les campagnes que vous devez voir le jeu & l'effet de vos canons.

On a demandé pluſieurs fois dans cette aſſemblée, ſi les temps étoient mûrs pour délivrer entierement les peuples du joug de la ſuperſtition.

On a enſuite mis en queſtion ſi l'on continueroit le traitement des miniſtres du culte catholique.

Enfin, on a été juſqu'à profeſſer dans cette tribune des opinions ſur la religion.

L'aſſemblée conſtituante fit un pas immenſe en décrétant la liberté religieuſe. Elle rétrograda de pluſieurs ſiecles en faiſant une conſtitution civile du clergé. On ne vit jamais une ſi funeſte contradiction dans les loix d'aucun autre peuple.

Je conçois le bien que peut faire aux hommes ſimples de nos campagnes, un bon curé philoſophe, qui, loin de piller ſes voiſins, leur donne des ſecours & des conſeils. C'eſt un miniſtre de conſolation, de conciliation & de juſtice. Mais que fait au peuple la conſtitution civile du clergé ? L'Aſſemblée conſtituante, envoyée pour s'occuper d'objets temporels, avoit-elle droit de conſtituer un corps eccléſiaſtique ? Et dans quel endroit de l'évangile ſe trouve cette conſtitution ?

La ſuperſtition de la royauté eſt détruite. Nous avons renverſé notre premiere conſtitution politique, & nous laiſſons ſubſiſter celle du clergé. Nous croyons avoir détruit la plus dangereuſe des corporations, & nous l'avons rétablie conſtitutionnellement.

C'eſt une opinion générale en France que vous pouvez, que vous devez rapporter la conſtitution civile du clergé.

Car la nation ne reconnoît plus de clergé; elle ne voit dans tous les miniſtres du culte que des officiers de morale ſoumis en tout aux loix de la République.

Cependant un excès de patriotiſme, manifeſté dans cette Aſſemblée, a jetté l'alarme dans le cœur des miniſtres du culte, qui tiennent encore dans leurs mains les conſciences des ſimples. C'étoit vouloir imiter le prêtre lui-même qui recueilloit ſans avoir ſemé.

Cette marche n'étoit pas bonne pour arriver à une parfaite liberté religieuſe. Je dirai franchement celle que j'imagine, pour établir cette liberté ſans convulſion, & même ſans faire répandre une larme. Car tous les hommes ſont vos freres, quels que ſoient leurs croyance & leur culte; & vous devez être avares & de leurs larmes & de leur ſang.

Soyez juſtes envers ceux qui ont exercé une fonction quelconque ſous *la foi nationale*; aſſurez-leur pendant leur vie, comme créanciers de l'état, le ſort dont ils jouiſſent à préſent comme miniſtres d'un culte, ſous la condition toutefois qu'ils ne troubleront pas votre République, & qu'ils n'enſeigneront rien de contraire aux loix. Décrétez contre les perturbateurs la peine de la deſtitution, & même celle de la déportation : vous en avez le droit; car tout, dans l'état, doit ſubir la loi commune; il n'y a plus de priviléges.

Rapportez en même-temps la conſtitution civile du clergé. Elle eſt en contradiction formelle avec la déclaration des droits, & avec la révolution du 10 août, qui a briſé les chaînes de la ſuperſtition & de la royauté.

Déclarez enſuite, comme l'Aſſemblée conſtituante, cet article fondamental, que les citoyens ont le droit de choiſir les miniſtres de leur culte. Décrétez que tous ceux qui viendront à mourir ſeront remplacez librement par les citoyens qui voudront les employer.

Déclarez enfin qu'aucune puiſſance ſur la terre n'a le

droit de ftatuer fur ce qui concerne une autre vie, &
que les confciences & les cultes font libres.

Le fanatifme le plus violent ne fauroit critiquer ces
mefures ; elles concilient la vérité que vous devez à la
Nation, & la juftice qu'elle ne peut refufer à des hommes,
avec les égards qui font dûs à la vieilleffe & à l'humanité
foible & mal inftruite.

Citoyens, j'indique ici la marche ; mais je ne vous
propofe pas de rien précipiter. La morale n'entre point
à main armée dans le cœur de l'homme. Ce n'eft point
à main armée qu'on peut faire fortir de fon efprit le
démon de la fuperftition. Mais vous devez avoir le courage de déclarer, de proclamer la vérité. Le peuple fera
le maître de l'adopter ou de la rejetter. Votre devoir eft
de la dire. Ce n'eft pas le défaut de lumieres, c'eft la
foibleffe qui perd les légiflateurs. Leur fermeté feule peut
en impofer & aux fourbes & aux traîtres, & à tous les
ennemis du dedans & du dehors.

Au furplus, je ne penfe pas que nous devions jetter,
du haut de cette tribune, nos opinions fur la religion.
Qui peut fe vanter d'avoir trouvé la vérité fur ce fujet ?
On difpute depuis le commencement du monde, & on
difpute en vain. Nous n'avons pas été envoyés pour rai-
fonner fur une autre vie, mais pour faire dans celle-ci
tout le bien dont nous fommes capables. Nous avons été
envoyés pour confacrer à la patrie tous les momens de
notre miffion paffagere & courte, & pour faire une Conf-
titution fociale, où le méchant trouve fa punition, & le
bon fa récompenfe. Il y a encore des ames fimples que
nos opinions religieufes peuvent troubler, des peuples
qu'elles peuvent aliéner.

Donnons ici les premiers l'exemple du refpect qui eft
dû à la liberté religieufe. Sans elle il n'y a point de paix
à efpérer parmi les hommes. Quand elle fera parfaite-
ment pratiquée en France, une multitude d'étrangers
viendront y chercher un afyle.

C'eſt à votre éducation élémentaire à opérer cette révolution. Qu'elle ſoit bonne, & les efforts du fanatiſme ſeront impuiſſans pout faire couler encore le ſang des Français. La ſuperſtition ne tiendra pas long-temps devant la raiſon.

Je propoſe le projet de décret ſuivant :

PROJET DE DÉCRET.

La Convention nationale, conſidérant que les aſſemblées & les écoles élémentaires ſont les baſes de l'état civil; que la liberté & le bonheur du peuple ne peuvent être bien aſſurés que par une bonne éducation, & que tous les Français étant freres & égaux en droits, cette éducation doit être égale pour tous, décrete ce qui ſuit :

ARTICLE PREMIER.

Les degrés de l'inſtruction publique ſont fixés à deux ; ſavoir les Ecoles élémentaires & les Ecoles centrales.

II.

Il y aura une Ecole élémentaire dans chaque municipalité de la République. Le nombre en ſera augmenté, & proportionné à la population. On y enſeignera les premiers élémens des ſciences & des arts.

III.

Il y auta une Ecole centrale dans chaque chef-lieu de département, où ſeront formés & conſervés des dépôts pour la culture des arts & des ſciences.

IV.

Pour faire participer tous les citoyens à l'inſtruction des Ecoles centrales, il ſera choiſi, tous les ans, ſuivant le mode qui ſera déterminé, un certain nombre de jeunes citoyens des Ecoles élémentaires, qui porteront le nom d'éleves de la patrie.

V.

Ces éleves feront entretenus, aux frais de la nation, dans l'Ecole centrale du département, pendant cinq années.

V I.

Il ne fera enfeigné dans ces écoles aucune des connoiffances ayant trait à une autre vie. Le fyftéme moral & politique eft entierement féparé du fyftéme religieux.

V I I.

Le culte de la loi étant le feul fur lequel les hommes réunis en fociété puiffent *s'accorder*, parce que la loi eft l'expreffion de la *volonté géuérale*;

Les cultes religieux, au contraire, ayant varié chez tous les peuples, & excité des diffentimens, des difcordes & des guerres civiles, parce qu'ils n'expriment que des *volontés privées*;

La Convention déclare qu'il n'y aura d'autre culte public que celui de la loi.

Tous les cultes religieux feront libres, mais privés, & ceux qui les exerceront feront tenus de fe conformer aux loix de la République.

V I I I.

La loi étant ce qu'il y a de plus refpectable fur la terre, fon culte fera célébré publiquement une fois la femaine, dans toutes les Ecoles élémentaires, par la lecture de la Déclaration des droits, par des inftructions & des chants civiques.

I X.

Il fera donné à chaque Ecole élémentaire, aux frais de la nation, un local fain & convenable, qui fervira auffi

aux assemblées publiques de la commune & de la municipalité. Il y aura un jardin où les enfans recevront des
leçons d'agriculture & de gymnastique.

X.

Il sera fait une *division morale* de la France, qui sera
aussi la division *politique* des assemblées élémentaires de
l'Assemblée nationale. Chacune de ces divisions aura un
temple élevé à la Liberté, avec un amphitéatre circulaire,
où l'on célébrera des fêtes nationales, & les événemens
mémorables & glorieux de la révolution.

Tous les professeurs de l'Ecole centrale de département
se rendront à ces fêtes nationales avec leurs éleves.

Cette division, l'ordre & les époques de ces fêtes, seront concertés par les trois comités réunis d'instruction,
de constitution & des finances.

X I.

Le ministre de l'intérieur mettra incessamment sous les
yeux de la Convention, l'état des ci-devant châteaux des
émigrés, afin qu'elle détermine & assigne ceux qui pour-
ront être destinés à la division dont est parlé ci-dessus.

X I I.

L'indemnité des instituteurs élémentaires sera de douze
cens livres par an, & ils auront un logement dans les
bâtimens de l'Ecole.

X I I I.

L'établissement des Ecoles élémentaires sera fait, dans
deux mois, avec la plus grande solemnité. Ce jour sera
un jour de fête.

X I V.

Pour imprimer à toutes les contrées de la République
le même esprit de fraternité, donner à l'institution plus

d'unité & de force, & applanir les obſtacles qu'elle pourroit éprouver à ſa naiſſance, la Convention députera des commiſſaires qui ſeront pris dans ſon ſein.

X V.

Tous les enfans de la République devant recevoir la même éducation élémentaire, les peres & meres ou tuteurs dont les enfans ou pupilles n'iroient pas aux écoles pendant tout le temps preſcrit par la loi, ſeront privés de leurs droits de citoyens, & impoſés à une triple contribution.

X V I.

Il ſera donné des récompenſes à tous les citoyens qui donneront à la patrie des ouvrages élémentaires de morale & des ſciences naturelles, leſquels auront été jugés conformes aux principes de la nouvelle éducation. Les noms de ces citoyens ſeront rappellés dans les fêtes nationales, comme des bienfaiteurs de l'humanité.

Je demande que cet honneur ſoit décerné dès-à-préſent à J. J. Rouſſeau.

Imprimé par ordre du Conſeil général du Département de la Seine inférieure. A Rouen, le 16 Janvier 1793, l'an ſecond de la République françaiſe.

Signés, DEFONTENAY, Préſident.

NIEL, Secrétaire-général.

A Rouen. De l'Imp. de JACQUES FERRAND, Imprimeur du Département de la Seine inférieure, rue Ganterie, n°. 65, 1793.

www.ingramcontent.com/pod-product-compliance
Lightning Source LLC
Chambersburg PA
CBHW061613050726
47595CB00007B/2941